Es dauert sehr lange,
ein Kenner zu werden –
aber es ist eine
wirklich schöne Zeit.

Lutz Hoffmann,
Whisky-Händler aus Leipzig

GLENDRONACH
ORIGINAL
12
PRODUCT OF SCOTLAND

Whisky

von
Tom Schmidt

BuchVerlag
für die Frau

ISBN 978-3-89798-460-8

2. Auflage 2018

Fachliche Beratung: Lutz Hoffmann
(www.wein-whisky-leipzig.de)
Fotos: Josephine Zänker (Titelfoto, S. 2), Jens Kobstädt, Leipzig (S. 7, 11, 21, 41, 68/69, 101, 107), Verlagsarchiv
Einband, Typografie, Satz:
Catharina Ende, Leipzig
Druck: Salzland Druck, Staßfurt
Bindearbeiten: Müller Buchbinderei GmbH Leipzig

Printed in Germany
www.buchverlag-fuer-die-Frau.de

Inhalt

Whisky oder Whiskey?

Oft wird die Frage der Schreibweise, also mit oder ohne das „e“, zu einer Glaubensfrage stilisiert. Gehen Sie völlig entspannt an das Thema heran, es handelt sich lediglich um unterschiedliche Schreibweisen in den verschiedenen Ländern. So lassen die Schotten, Engländer und Kanadier das „e“ weg und schreiben Whisky.

Die Iren und Amerikaner dagegen setzen einen Buchstaben mehr ein und nennen es Whiskey, wobei die

Eilean Donan Castle/Schottland

Aussprache immer gleich ist. Halten wir es doch in diesem Buch so, wie es auch die Länder tun: mit „e“, wenn der Whiskey aus Irland oder Amerika kommt, ansonsten eben ohne.
Beide Formen haben ihren Ursprung in den Begriffen „uisge beatha“ (gälisch) und „aqua vitae“ (lateinisch). Diese Worte bedeuten schlicht „Wasser des Lebens“.
Ein schöner Begriff für ein so edles Getränk, finden Sie nicht auch?

Kurze Geschichte

Das Prinzip des Alkoholbrennens und der Destillation wurde vermutlich bereits um 3000 vor Christus von den Chinesen und Arabern erfunden und für die Herstellung von Parfum genutzt. Etwa im 6. Jahrhundert tauchte das Verfahren dann bei irischen Mönchen auf, die sowohl vergorene Fruchttränke als auch Getreidebiere herstellten und anfingen, diese zu brennen. Der dadurch gewonnene Alkohol wurde als Heil- und Stärkungsmittel eingesetzt und sollte Krankheiten heilen und ein langes Leben bescheren. Das „Wasser des Lebens“ war also eher eine Medizin als ein Genussmittel. Höchstwahrscheinlich hat der Whiskey seinen Ursprung in Irland, auch wenn die Schotten gerne für sich in Anspruch nehmen, die Erfinder zu sein.

Nach Schottland kamen die Kenntnisse der Herstellung wohl erst mit Beginn der Christianisierung durch irische Mönche etwa ab dem 9. Jahrhundert. Es ist allerdings nicht ausgeschlossen, dass bereits vorher Bauern ihr überschüssiges Getreide zu Alkohol brannten.

Das methodische Vorgehen und klare Anweisungen zum Brennen und Destillieren wurden jedoch erst durch die Mönche eingebracht. Nach der

Auflösung vieler Klöster im 16. Jahrhundert verbreitete sich das Wissen sehr schnell auch außerhalb des Klerus und führte zur Gründung gewerbsmäßiger Brennereien.

Da das Brennen mit hohen Steuern belegt war, breitete sich das illegale Schwarzbrennen aus, das in Schottland mehr als die Hälfte der gesamten Whisky-Produktion ausmachte.

Erst 1824 gelang es, die Herstellung und Besteuerung einheitlich zu regeln, Glenlivet wurde die erste lizenzierte schottische Destillerie.

Irische, später auch schottische Auswanderer brachten ihr Wissen um die Whiskeyherstellung mit nach Amerika, vor allem in die von ihnen bevorzugten Staaten Pennsylvania,

Maryland und Virginia. Da die Amerikaner ihren Whiskey mit „e“ schreiben, dominierten als „Entwicklungshelfer“ doch eher die Iren. Besonders in Virginia übernahmen die Farmen den Maisanbau von den Indianern und brannten daraus einen Whiskey, der heute unter der Bezeichnung Bourbon bekannt ist.

Die älteste registrierte Destillerie in den USA wurde 1866 von Jack Daniel in Tennessee gegründet und besteht bekanntlich noch heute.

Die älteste bekannte Brennerei der Welt ist die 1608 lizenzierte Old Bushmills Distillery in Irland.

Für Kanada wird als Gründungsdatum der ersten Destillerie meist das Jahr 1668 angegeben.

Die Sorten und Herstellungsverfahren

Malt Whisky entsteht in einem aufwändigen Herstellungsverfahren in verschiedenen Stufen. Ausschlaggebend für das Endprodukt und seine Qualität sind die Art des zum Brennen verwendeten Getreides, dessen Vorbereitung, das Wasser, die Art der Destilliervorrichtung, die Geschwindigkeit und die Anzahl der Destilliervorgänge.
Zum Brennen werden die Pot Stills benutzt, kupferne Brennblasen. In ihnen wird der sogenannte „wash“,

Glengoyne-Whiskybrennerei, Killearn

die vergorene Maische, erhitzt. Der Alkohol verdampft und steigt im Inneren auf, wird in einem wassergekühlten Rohr abgekühlt, dadurch wieder verflüssigt und in einem Behälter aufgefangen. Dieses Verfahren ist recht aufwändig, da immer nur eine bestimmte Menge destilliert werden kann, dann muss neuer wash eingefüllt werden. Die Scotch und Irish Malts werden noch immer nach dieser Methode gebrannt.

Etwa um 1830 wurden die Coffey oder Patent Stills erfunden. Mit diesen Brennblasen ist ein permanenter Betrieb ohne Unterbrechungen möglich, weshalb der Vorgang auch als kontinuierliches Brennen bezeichnet wird. Grain Whiskys und die meisten

irischen Whiskeys werden so hergestellt.
Für die Lagerung und Reifung werden gebrauchte Holzfässer benutzt. Es werden Bestandteile aus dem Holz in den Whisky aufgenommen, die ihm Farbe, Geruch und Geschmack verleihen. Bevorzugt kommen Fässer zum Einsatz, in denen zuvor Sherry, Rum oder Whisky gelagert war, denn der neue Whisky nimmt auch Bestandteile des vorherigen Getränkes auf und bildet so seinen Charakter. Nur für Bourbon und Tennessee verwendet man neue Eichenfässer, die vorher kurz ausgebrannt wurden. Natürlich gelangt nicht nur Luft von außen nach innen, es verdunstet auch Whisky von innen nach außen.

Dieser Verdunstungsverlust (in der Regel im Laufe des Jahres bis 2% der Restmenge) wird als „Anteil der Engel“ bezeichnet.

Eine Unterscheidung in Sorten erfolgt durch die Art des eingesetzten Getreides:

Malt Whisky

Malt Whisky, oft auch nur als Malt (englisch für Malz) bezeichnet, wird aus gemälzter Gerste hergestellt, wobei die Iren auch ungemälzte Gerste darunter mischen. Unter der Bezeichnung Single Malt versteht man einen Malt, der nur von einer einzigen Destillerie hergestellt und nicht mit Erzeugnissen anderer Brennereien vermischt wird.

Hergestellt werden Malts vor allem in Schottland, Irland und Japan. Irish Malts sind von leichter Süße, oft nach Vanille, Honig oder Sherry schmeckend mit getreidigem Abgang, das rauchige Element fehlt bis auf Ausnahmen. Scotch Malts hingegen variieren im Geschmack eher von Frucht über Nuss und Gewürze bis hin zu Torf und Malz und haben meist ein rauchiges Aroma.

Grain Whisky

Grain Whiskys werden aus Mais, Weizen und etwas gemälzter Gerste gebrannt. Es gibt nur wenige

Single Grains, meist werden sie für Blends (Mischungen) benutzt, um dem Endprodukt Frische und Volumen zu geben. Bekannt sind Grant's Black Barrel oder Invergordon Single Grain Whisky.

Blended Whisky

Blended Whiskys, kurz als Blends bezeichnet, sind Mischungen (to blend = mischen, vermischen) aus Malt und Grain Whiskys.

Scotch Blends reichen im Geschmack von weich und fruchtig bis hin zu schwer und malzig. Oft wird ihr Charakter auch als rauchig bezeichnet.

Destillerie Balblaire (Schottland)

Irish Blends decken ebenfalls das Spektrum von fruchtig bis malzig ab, sind im Charakter aber eher weich. Die Canadian Blends werden als die leichtesten Whiskys angesehen. Ihre Mischung aus Roggen, Gerste und Mais und das Verhältnis der einzelnen Sorten zueinander ergibt milde und weiche Whiskys.

Bourbon Whiskey

Bourbon ist Amerikas bekanntester Whiskey, mit einem äußerst reichhaltigen Aroma, ausgewogener Süße und fruchtigem Geruch. Im Geschmack sind Bourbons eher weich und cremig, je nach Reifedauer und individuellen Reifemethoden.

Tennessee Whiskey

Er wird ähnlich wie Bourbon hergestellt, durchläuft aber einen zusätzlichen Prozess, um den Geschmack milder zu gestalten. Das Destillat wird durch Holzkohle, die aus Ahornstämmen gewonnen wird, filtriert. Es entsteht ein weiches, mildes und doch leicht rauchiges Aroma.

Rye Whiskey

Ryes (Rye = Roggen) bestehen überwiegend aus Roggen an Stelle von Mais oder Gerste. Sie sind weich und intensiv im Geschmack. Zu finden sind sie fast nur in Amerika, beispielsweise von Wild Turkey, Rittenhouse, Jim Beam oder Pikesville.

Sour Mash Whiskey

Eigentlich handelt es sich hier nicht um eine spezielle Art, sondern um ein eigenes Herstellungsverfahren. Hierbei wird die Hefe aus der Maische des vorherigen Gärprozesses noch einmal eingesetzt. So wird gleich bleibende Qualität und gleicher Geschmack der einzelnen Fässer gewährleistet.

Ebenso unterscheidet man Whiskys nach den verschiedenen Verfahren der Herstellung. Teilweise werden hierfür gleich die Namen der Herstellungsländer benutzt oder man nimmt die selben Bezeichnungen, die Sie auch schon bei den Sorten kennen gelernt haben.

Scotch Malt Whisky

Scotch Malts bestehen nur aus Gerste, Wasser, Hefe und Rauch, die ersten Schritte der Produktion ähneln stark denen des Bierbrauens. Nur wenn das Brennen, die Lagerung und anschließende Flaschenabfüllung in Schottland erfolgen, darf die Bezeichnung Scotch Whisky verwendet werden.

Zuerst wird die Gerste gemälzt, das heißt, sie wird für zwei bis drei Tage in großen Bottichen mit Quellwasser eingeweicht und dann im Mälzhaus ausgebreitet, um zu keimen. Der Keimvorgang wird durch ständiges Wenden gefördert, gleichzeitig wird so verhindert, dass sich Schimmel bilden kann.

Danach wird die Gerste über offenem Torffeuer getrocknet, um die Keimung zu unterbrechen. Durch diesen Rauch erhält zuerst die Gerste und später der daraus gewonnene Whisky seinen charakteristischen Geruch und Geschmack.

Aus der Gerste ist nun trockenes Malz, aus der im Getreide enthaltenen Stärke wasserlöslicher Fruchtzucker geworden. Das Malz wird gemahlen und im Maischbottich mit heißem Quellwasser vermischt, wobei sich der Zucker auflöst und eine süßriechende braune Maische entsteht. Diese Maische kommt nun in einen Gärbottich, den washback. Hier wird Hefe zugegeben, die mit Hilfe des vorhandenen Zuckers sofort den Gärungsprozess startet und die Würze in rund zwei Tagen in eine alkoholhaltige Flüssigkeit verwandelt, die ähnlich wie Bier riecht und auch so schmeckt.

Diese Flüssigkeit, wash genannt, wird nun zweimal in einer Destillieranlage gebrannt. Dabei wird sie bis zum Verdampfen erhitzt, steigt im Brennkolben auf, wird in der Kühlung wieder verflüssigt und anschließend aufgefangen.

Dieses erste Destillat wird wieder erhitzt, abgekühlt und aufgefangen. Der so entstandene hochprozentige Alkohol wird mit etwas Quellwasser auf Fassstärke (ca. 63,5 Vol-%) verdünnt, in Fässer abgefüllt und muss mindestens drei Jahre reifen.

Scotch Grain Whisky

Das hier verarbeitete Getreide (Mais, Weizen) wird unter Druck mehrere Stunden gekocht und setzt dabei Stärke frei. Bei der anschließenden Vermischung des Getreides mit kochendem Quellwasser wandelt sich diese Stärke in Zucker. Manche Brennereien setzen dieser Mischung auch noch gemälzte Gerste zu, um einen eigenen Geschmack zu kreieren. Durch die Zugabe von Hefe beginnt der Gärungsprozess, es entsteht der wash.

Anschließend erfolgen die kontinuierliche Destillation, die Zugabe von Quellwasser und eine mindestens dreijährige Reifung.

Blends

Die meisten Scotch Whiskys werden als Blends verkauft, einer Mischung aus Malt und Grain Whiskys. Der Mischvorgang, das Blending, wird von einem Blendmeister durchgeführt, der festlegt, welche Whiskys aus welchen Altersklassen miteinander gemischt werden sollen. Dabei sorgen die verwendeten Malts für die geschmackliche Ausprägung der zukünftigen Blends, die Grains für die Menge.

Nach dem Mischen werden Blends für ein halbes Jahr in Fässern aufbewahrt, wo die Vermählung, eine intensive Vermischung, stattfindet. Erst danach wird Quellwasser zugegeben. Blends werden meist ohne

Altersangabe verkauft. Finden Sie doch einmal ein Alter angegeben, so muss es immer dasjenige des jüngsten Whiskys sein.

Irish Whiskey

Im Unterschied zu schottischem Whisky wird die Gerste in geschlossenen Öfen getrocknet, so dass sie kein Aroma aus dem Rauch aufnimmt. Um den Whiskey im Geschmack leichter zu machen, wird manchmal noch Mais zugefügt. Anders als der zweimal gebrannte Scotch Malt wird der Irish Malt dreimal destilliert.

Die Lagerung erfolgt grundsätzlich in Eichenfässern, die vorher mit Sherry, Rum oder Bourbon gefüllt waren, wodurch sich Geschmack und Geruch des Whiskeys beeinflussen lassen. Selbstverständlich werden auch Fässer benutzt, in denen bereits Irish Whiskey gelagert war.

Beim ***Vatted*** oder ***Pure Malt*** werden ausschließlich Malts verschiedener Destillerien miteinander vermischt und im Gegensatz zum Blend keine Grain Whiskys zugefügt. Pure ist eine andere, nicht ganz eindeutige Bezeichnung für Vatted Malt, da Pure auch „rein" heißt und es Pure Single Malt-Abfüllungen gibt, bei denen es sich wirklich um Single Malt handelt, also unvermischten Malt aus nur einer Destillerie.

Bourbon

Die Maische eines Bourbon muss mindestens 51% und darf höchstens 79% Mais enthalten. Der Rest besteht aus gemälzter Gerste, Roggen, Weizen oder einer Mischung dieser Getreide. Bourbon wird kontinuierlich, also in einer Coffey oder Patent Still gebrannt und muss mindestens zwei Jahre lang reifen.

Hierzu werden spezielle Eichenfässer benutzt, deren Innenseiten angekohlt sind. Dadurch wird der in der Eiche natürlich vorkommende Zucker karamellisiert und gibt dem Bourbon Farbe und Geschmack. Bourbon darf in den gesamten USA gebrannt werden, aber nur wenn er aus Kentucky kommt, darf er den

Namen seines Bundesstaates tragen. Dies ist ein Dank an den Ort der Erfindung: Bourbon County, Kentucky. Der Legende zufolge wurde der Bourbon von Reverend Craig erfunden, der um 1790 aus Gründen der Sparsamkeit vom Küfer verkohltes Holz für die Herstellung seiner Fässer benutzte.

Eine eigene Variante des Bourbon ist der American Corn Whiskey (corn = Mais), der zu mindestens 80% aus Mais besteht und ebenfalls in angekohlten Fässern gelagert wird. Er ist allerdings selbst in den USA überaus rar.

Seite 34/35 - Lagerung von Fässern

Tennessee Whiskey

Tennessee Whiskey ist dem Bourbon sehr ähnlich, in der Herstellung wird jedoch zwischen Destillation und Lagerung ein zusätzlicher Verarbeitungsschritt eingeschoben, das Mellowing (mellow = mild).

Das Destillat wird gefiltert, indem man es durch gemahlene Holzkohle laufen lässt, wodurch der Geschmack deutlich milder und weicher wird. Zur Herstellung der Holzkohle wird abgelagertes Holz des Zuckerahorns unter freiem Himmel verbrannt, gemahlen und in Mellowing-Bottiche gefüllt.

American Rye Whiskey

Der American Rye besteht zu mindestens 51% aus Roggen und wird wie der Bourbon in ausgebrannten Fässern gelagert. Anders als bei Bourbon und Tennessee, wo nur neue Fässer zum Einsatz kommen, werden für den Rye bereits benutzte Fässer verwendet.

Canadian Whisky

Für Canadians gibt es keine Vorschriften über die Mindestmengen der einzelnen Getreidesorten oder die zur Reifung benutzten Fässer. Es wird lediglich gefordert, dass der Whisky über Aroma, Geschmack und Charakter verfügt, die man von einem kanadischen Whisky erwartet. Festgelegt ist allerdings eine Mindestlagerzeit von drei Jahren. Beim Blending von Canadian Whisky werden zwei verschiedene Methoden angewandt. Zum einen das Post-Blending, bei dem reife Whiskys gemischt werden, wie es auch bei den American Blends üblich ist. Zum anderen findet man auch das Pre-Blending, bei dem die Vermischung vor der Lagerung stattfindet. Ein Beispiel hierfür ist der Canadian Club. Die Reifung erfolgt dann in Bourbon-Fässern, die teilweise noch einmal extra ausgebrannt werden.

Nicht nur auf das Wasser kommt es an

Wie Sie bei den Herstellungsverfahren gesehen haben, spielt Wasser eine äußerst wichtige Rolle bei der Herstellung von Whisky. Das eingesetzte Getreide wird in Wasser eingeweicht und das getrocknete Malz mit Wasser vermischt. Letztlich wird das Destillat wieder mit Wasser gemischt, um ihn überhaupt trinkbar zu machen. Malt Whiskys haben ohne Zugabe von Wasser einen Alkoholgehalt von 58 bis 66 Vol.-%, Grain Whiskys liegen bei 70 bis 85 Vol.-%. Innerhalb der EU ist ein Minimum von 40 Vol.-% Alkohol vorgeschrieben.

Gelegentlich finden Sie auch einen Whisky mit der Bezeichnung „Fassstärke", hierbei handelt es sich um den unverdünnten Whisky, so wie er dem Fass entnommen wird. Und auch beim Genuss gibt es Menschen, die ihren Whisky gerne mit etwas Wasser verdünnen. Ohne Wasser gäbe es also keinen Whisky!

Aber nicht nur das: Welchen Weg muss das Wasser gehen, um zu den Gerstenfeldern und Brennereien zu gelangen? An den Bergen regnet es ab, versickert in den unterschiedlichsten Gesteinsschichten, kommt als Quelle zutage und fließt dann

Falls of Measach in der Nähe von Ullapool

über Heidekraut und Torf, bis es seinen Bestimmungsort erreicht hat. Jedoch nicht nur die vorgenannten Komponenten tragen zum Charakter eines Whiskys bei. Es wäre auch zu einfach. So ist nicht jedes Wasser für die Whiskyherstellung geeignet. Jede Destillerie hat ihre eigene Quelle, denn nur frisches Quellwasser wird als rein genug angesehen, um zu Whisky veredelt zu werden. Wundern Sie sich also nicht, wenn man Ihnen bei der Besichtigung einer Destillerie bevorzugt die Quelle zeigt und Sie auffordert, das köstliche Wasser zu probieren. Keine Angst, auch einen Probeschluck Whisky wird man Ihnen sicher gönnen.

Pur oder auf Eis?

Die Frage, wie Whisky denn nun zu trinken ist, ist so alt wie das Getränk selbst. Puristen bevorzugen ihn unverdünnt, andere mögen etwas Eis im Glas, manche geben einen Schuss Wasser hinzu und einige mixen ihn mit anderen Getränken, wie Ginger Ale, Cola oder Limonade, schließlich gibt es auch noch diejenigen, die Whisky am liebsten als Cocktail genießen. Grundsätzlich ist erlaubt, was Ihnen schmeckt!

Es gibt jedoch einige bevorzugte Trinkweisen, die Ihnen helfen können, den vollen Geschmack eines Whiskys zu erleben. Malt Whiskys

genießt man am besten handwarm, pur, ohne Eis.
Die Schotten geben gerne einige Tropfen Wasser ins Glas, um das volle Aroma zur Entfaltung zu bringen. Die Iren sind nicht ganz so sparsam und trinken ihren Whiskey am liebsten halb und halb, also zur Hälfte mit Wasser gemischt. Wenn Sie Wasser benutzen, dann am besten dasselbe Quellwasser, mit dem der Whisky auch gebraut wurde. Da Sie dies in den allermeisten Fällen jedoch nicht beziehen können, weichen Sie am besten auf kohlensäurefreies Mineralwasser aus.
Gerade in Amerika wird Ihnen Whiskey häufig mit Eis, also „on the rocks", serviert. Das Eis wird üb-

licherweise aus normalem Leitungswasser gewonnen, das nicht immer einen neutralen Geschmack hat. Durch Zugabe von Eiswürfeln kann sich auch das Aroma des Whiskys nicht richtig entfalten.
Wenn Sie Ihren Whisky mit Cola mischen wollen, dann lassen Sie bitte die Finger von einem Malt, der ist viel zu schade für ein solches Experiment. Greifen Sie lieber zu einem Blend oder Canadian Whisky, ansonsten kann es Ihnen passieren, dass man Sie schlicht und einfach als einen Banausen ansieht, der dem Whisky keinerlei Hochachtung entgegenbringt.

Ein kleiner Überblick von A bis Z

Schottische Malt Whiskys

Aus Schottland stammen sowohl Malts, Grains als auch Blended Whiskys. Malt Whiskys decken eine sehr breite Palette ab und unterscheiden sich ganz erheblich voneinander. Deshalb trennt man sie in die Gebiete, in denen sie gebrannt werden: ***Lowland Malts*** aus dem Süden Schottlands sind weich, angenehm und nur wenig rauchig.
Das Gebiet der Highlands umfasst die Northern, Eastern, Southern und Western Highlands. Aufgrund der

Vielzahl der hier ansässigen Brennereien sind die leicht rauchigen, nicht zu schweren ***Highland Malts*** sehr bekannt. Die regionalen Unterschiede bieten zusätzliche reizvolle Variationen.

Speyside Malts aus den Highlands werden als die feinsten Malt Whiskys angesehen. Reichlich die Hälfte aller schottischen Brennereien befindet sich in dieser Region.

Island Malts kommen von den Inseln Orkney, Skye, Mull, Jura, Arran und der inzwischen westlichsten Brennerei auf der Insel Lewis. Dazugezählt werden auch die Halbinsel Kintyre und – nicht zu vergessen – die wohl bedeutendste Whiskyinsel Schottlands: Isle of Islay. Diesen Inselbrennereien lässt sich schwer ein eindeutig definierter Stil zuordnen. Island Malts werden oft mit intensivem Rauch, kräftigem Aroma, harter Phenoligkeit identifiziert. Auf alle Fälle ist der Einfluss von Meeresluft und Seetang spürbar. Aber darauf wird bei der Vorstellung einiger Whiskys noch näher eingegangen.

Einer schottischen Legende nach hört man beim Genuss eines guten Scotch einen Dudelsack spielen. Bei einem milden Whisky hört man zwei, bei einem weichen drei bis vier, bei einem sanften fünf oder sechs. Sollte man hundert Dudelsäcke hören, so handelt es sich um einen ganz außergewöhnlichen Scotch!

Aberfeldy

Hartes Wasser, das in der Destillerie verwendet wird, entspringt aus einem mit Gold und Eisen durchsetzten Basaltgestein. Es durchfließt anschließend Wälder mit Kiefern, Fichten und Birken. Die Brennblasen sind hoch und haben eine sanfte Kontur.

Aberfeldy 12 years old: *leicht blumig und weiche Fruchtigkeit: Ananas, aber auch Getreide. Der komplexe Abgang vermittelt ein sirupartiges Mundgefühl.*

Aberfeldy 21 years old: *sehr seidiges, fruchtiges Aroma. Der weiche, aber kräftige Körper hat am Gaumen eine Spur von Torf und eine Honignote.*

Aberlour

1826 gab es die erste legale Brennerei in Aberlour. Die heutige Aberlour Distillery wurde 1879, wie auch auf dem Flaschenetikett angegeben, gegründet.

Aberlour 10 years old: *ein Single Malt mit feinem Muskat- und Zimtaroma und einer leichten Spur von Herbstfrüchten. In der Farbe ist er kupfergolden, im Geschmack dominieren Kaffee und Meersalz.*

Aberlour 15 years old: *ebenfalls kupfergolden, im Duft eher blumig. Sein Geschmack ist zunächst weich und torfig, wechselt dann zu Kaffee und Schokolade.*

1980 geschlossen, dann für kurze Zeit wiedereröffnet, um 1997 nach umfangreicher Renovierung endgültig in Dauerbetrieb zu gehen. Die große Fangemeinde schätzt diesen stark torfigen und rauchigen Malt. Leider hat in den letzten Jahren der Rauchanteil immer mehr abgenommen.

Ardbeg 10 years old: *ein rauchiger und intensiver Malt. Ein leicht salziger und komplexer Abgang, auf alle Fälle mit etwas Süße.*

Ardbeg Uigeadail: *die Fassstärke sorgt für Kraft, obwohl er trotzdem etwas fruchtiger und weicher ist als der 10-jährige Ardbeg.*

Arran

Erst 1995 auf der Insel Arran eröffnet. Die bei Wanderern beliebte Insel hat torfige Ebenen, große Granitberge und gutes Wasser.

Arran 10 years old: *voll, cremig, ölig, mit einem Geschmack nach frischer Gerste und sauberer Süße.*

Auchentoshan

Eine klassische Lowland-Brennerei mit der für die Region typischen Dreifach-Destillation. Die Lowlands waren einst eine Hochburg der Whiskybrennerei, heute gibt es hier neben Auchentoshan nur noch zwei aktive Betriebe: Glenkinchie und seit 2000 wieder Bladnoch.

Auchentoshan 12 years old: *Ersatz für den eingestellten 10-jährigen. Der teilweise im Sherryfass gereifte Whisky ist geschmeidig und etwas ölig. Malz- und Zitrusgeschmack und eine Sherrynote.*

Auchenthoshan Three Wood: *reift in drei verschiedenen gebrauchten Fässern: im Bourbonfass, dann folgt das Olorosofass (trockener Sherry) sowie zuletzt das Pedro-Jimenez-Fass (der süßeste aller Sherrys), was für ein Zusammenspiel!*

Auchroisk

Der frühere Name der Destillerie war „The Singleton". Sie zählt zu den jüngeren Destillerien, da sie erst 1974 gegründet wurde. Ausschlaggebend für den Standort war vermutlich die nahe Quelle. Ihr weiches Wasser, die großen Brennblasen und das Geschick des Brennereipersonals ergeben einen feinen Whisky.

Auchroisk 10 years old: *ein leichter, weicher Malt mit einem intensiven Duft nach Beerenfrüchten. Anfangs fruchtiger Geschmack, nach hinten raus wird er etwas nussiger.*

The Balvenie

Die Destillerie wurde 1892 von der Familie Grant gegründet, die 1886 bereits die benachbarte Destillerie Glenfiddich gebaut hatte. Außergewöhnlich, weil selten, ist an dieser Brennerei, dass eine eigene Mälzerei betrieben und auch die Gerste selbst angebaut wird.

The Balvenie 12 years old – Double wood: *ein interessanter und milder Single Malt, weil er in Sherry- und Bourbon-Fässern reift. Wegen seiner Orangen-Aromen und des tiefen süßen Geschmacks ist er ein Geheimtipp unter den Malt Whisky-Kennern.*

The Balvenie 21 years old – Port wood: *die Süße des Portweins und*

SINGLE MALT SCOTCH WHISKY
Distilled at
THE BALVENIE
Distillery Banffshire
SCOTLAND
DOUBLEWOOD
MATURED IN TWO DISTINCT CASKS
AGED 12 YEARS
FIRST CASK
SECOND CASK

der deutliche Rauchgeschmack machen ihn zu etwas Besonderem, dazu kommt noch ein langer, weicher, warmer Abgang.

Ben Nevis

Schottische Malt-Destillerie, die zu den westlichen Highlands gehört. Die Brennerei liegt am Fuß des Ben Nevis (1334 m), des höchsten Berges von Schottland, von dem sie auch den Namen übernommen hat. Seit die Japaner (Nikka) 1989 die bereits geschlossene Destillerie wieder eröffnet haben, ist sie ein kleines Schmuckstück.

Ben Nevis 10 years old: *würzig und weich, schwer. Ein sehr aromatischer Malt, dessen Geschmack an dunkle Pralinen und Karamellwaffeln erinnert. Neben der Orangennote ist im Abgang auch ein Hauch von Zigarrenrauch zu spüren.*

Benriach

Hat eine wechselvolle Geschichte mit verschiedenen Besitzern. Die 1900 bis 1965 und 2002 bis 2004 stillgelegte, heute aber wieder aktive Brennerei ist der Nachbar der etwas bekannteren Destillerie Longmorn. Ihre stark getorften Whiskys können es jederzeit mit einem Insel-Malt aufnehmen.

Benriach Heart of Speyside: *was für ein Aroma! Heide, Früchte, Honig und etwas Nuss. Der mittellange Abgang ist leicht und fruchtig.*

Benriach Curiositas: *kräftiges Aroma, Torfrauch, Bitumen und dann Gewürze. Sehr interessanter Malt.*

Blair Athol

Diese Brennerei liegt unweit von Pitlochry. Eine wunderschöne Destillerie, deren Ursprünge bis ins Jahr 1798 zurückgehen. Der Malt ist kräftig, aber kein Draufgänger.

Blair Athol 12 years old: *würzig und nussig; zusätzlich hat man den Eindruck, dass im Geschmack ein wenig Gewürzkuchen mitschwingt.*

Bowmore

Die Morrison Bowmore Distillery wurde 1779 auf der Insel Islay an der Küste von Loch Indaal gegründet, heute gehört die Marke zum japanischen Suntory-Konzern. Aufgrund der klimatischen Bedingungen auf den Inneren Hebriden hat der Malt einen deutlichen Seegeruch mit einem Hauch von Jod.

Bowmore Legend*: ein torfiger, nach Seetang riechender und schmeckender Single Malt, der im Abgang eine ganz leichte Süße aufweist.*

Bowmore 12 years old: *riecht nach Zitrone und Meersalz; im Geschmack mischen sich Honig, Heidekraut, Birnen und Seetang.*

Bunnahabhain

Diese Destillerie liegt ganz im Norden der Insel Islay in einer einsamen Bucht. Hier wird ein für Islay untypisch weicher, fruchtiger, sanfter und leichter Malt gebrannt. Grund dafür ist wahrscheinlich die Verwendung von kaum getorftem und relativ hartem Wasser.

Bunnahabhain 12 years old: *eine frische Nase mit etwas Meersalz. Rein und sahnig mit etwas Rauch. Der Abgang ist schön fruchtig und erfrischend.*

Cardhu

Ursprünglich war der Name Cardow, erst 1975 erfolgte die Umbenennung in Cardhu. 1872 übernahm Elizabeth Cumming die Führung der Brennerei von ihrem Schwiegervater John, der sie 1824 in Knockando gegründet hatte. Sie war eine der wenigen Frauen in dieser Branche.

Cardhu 12 years old: *ist ein dunkelgoldener, sehr zarter, harmonischer und leichter Highland Single Malt. Im Geschmack dominieren Malz und Rauch, ohne jedoch aufdringlich zu sein. Der Geruch ist frisch und nur wenig rauchig. Cardhu spielt eine bedeutende Rolle beim Blending der Johnnie Walker Whiskys.*

Clynelish

In den letzten Jahren erlangte dieser Whisky Kultstatus. Eigentlich sind es zwei Destillerien, denn die Vorgängerin Brora liegt direkt daneben. Sie wurde 1983 geschlossen. Clynelish (sprich: „Kleinliesch“) steht im Gälischen für „Garten am Hang“. Der Charme dieser Malts erklärt sich aus dem klar erkennbaren Küstenaroma. Sie haben den deutlichen maritimen Charakter der Ostküste. Im Westen reicht nur Springbank an sie heran.

Clynelish 14 years old: *ein würziger Malt mit beeindruckenden Meeresaromen und Salzigkeit. Eine wunderbare Mischung aus Bienenwachs, Gischt und weicher, reifer Frucht.*

Cragganmore

Die 1869 gegründete Cragganmore Distillery in Ballindalloch, Speyside, liegt direkt am Fluss Spey. Speyside wird von den Schotten gerne auch als das Herzstück der Malt Whisky-Herstellung bezeichnet. Der große Speysider gehörte zwar zu den ersten sechs Classic Malts, ist aber immer noch recht unbekannt.

Cragganmore Single Malt 12 years old: *ist malzig-rauchig und riecht nach trockenem Gras. Die goldene Farbe und der feste Körper sind kennzeichnend. Cragganmore eignet sich hervorragend als Drink nach dem Essen.*

Dalmore

Die Brennerei wurde vermutlich 1839 gegründet. Besonderheiten der Brennerei sind die konische obere Kammer der wash stills und die Kühlung der spirit stills durch einen Wassermantel. Am Ufer der Cromarty Firth liegen die Lagerhäuser. Zu 85 Prozent reift der Whisky in neuen, zumeist Bourbonfässern, der Rest in Sherryfässern. Zum Schluss kommt jedoch alles ins Sherryfass.

Dalmore 12 years old: *kräftig, mit einem Hauch Rauch, frisch und fruchtig.*

Dalmore 15 years old: *Cognac-Duft, bernsteindunkle Farbe, leichter Nuss-Geschmack.*

Dalwhinnie

Dalwhinnie, gälisch für „der Treffpunkt", ist eine 1897 gegründete Destillerie (siehe S. 68/69) in den nördlichen Highlands, genauer gesagt, in den Hochmooren der Grampian Mountains. Mit einer Lage rund 330 Meter über dem Meeresspiegel bezeichnet man sie als Schottlands höchstgelegene Whiskybrennerei.

Der 15 Jahre gereifte Single Malt *hat ein fruchtig-süßes, für einen Highlander überraschend mildes Aroma, aus dem sich auch das Heidekraut herausschmecken lässt. Auch Rauch, Malz und Eiche sind im Geschmack des goldgelben, fruchtig riechenden Whiskys enthalten.*

Edradour

Die kleinste Brennerei Schottlands ging 2002 in private Hand zurück. Andrew Symington, der Begründer der unabhängigen Abfüllerei Signatory, ist der neue Besitzer. Die Brennerei liegt nahe bei Pitlochry und ist von Glasgow und Edinburgh gut erreichbar. Allein das Besucherzentrum dieser Destillerie ist die Anreise wert. Wundern Sie sich nicht über den Trabant im Vorgarten – Frau Symington stammt aus dem Burgenlandkreis (Naumburg/Halle an der Saale).

Edradour 10 years old: *Was für ein Klassiker! Ein intensiver Single Malt mit Anklängen von Sherry, schwer, würzig, fruchtig und süß.*

The Glendronach

Ein Single Highland Malt Whisky aus dem Norden Schottlands und einer der ältesten Destillerien des Landes. Nach einer Stilllegung Mitte der 1990er Jahre nahm die Brennerei 2002 die Produktion wieder auf. Die Brennerei verfügt über gute Lagerbestände. Single Malt-Liebhaber schätzen die Produkte aus Glendronach. Aber auch dem verwunschenen Ort selbst gilt ihre Zuneigung.

Glendronach 12 years old (s. S. 2): *Am Gaumen entdeckt man frischen Cranberry- und Heidelbeersaft. Etwas pfeffrig, aber dezent-angenehme Süße, und dann dieser Teppich aus Highlandtorf…*

Glendronach 15 years old: *läuft leider aus. Zu empfehlen ist aber der neue 15-jährige (Revival). Er ist ein wahrer „Früchtekuchen“; danach gibt es richtig Pfeffer und Rauch. Schmeckt sehr komplex und intensiv.*

Glenfarclas

Bemerkenswert. Für Familie Grant, die seit 1865 Besitzer dieser Destillerie ist, sieht es gut aus. Die unabhängigste aller Brennereien und ihre Glenfarclas-Whiskys gehören zur Spitzenklasse in Speyside, auch wenn sie nicht die Popularität einiger anderer Brennereien der Region haben. Dafür hat Glenfarclas die größten Brennblasen von Speyside.

Glenfarclas 15 years old: *soll der ausgewogenste und abwechslungsreichste Glenfarclas sein, aromatisch, mächtig, malzig. Auf der Zunge entstehen Eichentöne im Einklang mit Sherrynoten.*

Glenfarclas
HIGHLAND
SINGLE MALT
SCOTCH WHISKY
AGED 15 YEARS
46% VOL

Glenfiddich

Glenfiddich, gälisch für „Tal des Hirsches“, in der Nähe von Dufftown ist die Heimat der Destillerie.

Am Weihnachtstag 1887 wurde hier der erste Highland Single Malt der Marke destilliert. Es ist übrigens die Destillerie, die den meistverkauften Malt der Welt herstellt.

Glenfiddich Solera Reserve 15 years old: *ein weicher und feiner Single Malt. Honig- und Vanille-Aromen, seidiger und fruchtiger Körper, ein Abgang mit Eiche.*

Glenfiddich 18 years old: *sanft, weich, rund und zurückhaltend. Er besticht durch Perfektion und Sherrycharakter.*

Glengoyne

Wunderschön gelegen ist die vermutlich 1833 gegründete Destillerie Glengoyne, nicht weit von Glasgow. Whisky-Einsteiger können hier den Produktionsablauf nachvollziehen. Kurios ist, dass die Destillerie in den südwestlichen Highlands liegt, die Lagerhäuser schon in den Lowlands.

Glengoyne 10 years old: *blumig im Aroma, geschmackvoll, grasig, fruchtig, mit vielen Apfelnoten. Der Abgang ist nicht von Torfrauch überdeckt.*

Glengoyne 12 years old: *Gask Strength (57,2 Vol.-%) – Fassstärke. Intensiver Geschmack auch ohne Rauch. Auf der Zunge jede Menge Früchte, herzhaft-würziger Abgang.*

Glenkinchie

Die 1837 von George Rate gegründete Glenkinchie Distillery in Pencaitland ist ein bekannter Hersteller von Lowland Whiskys. Kennzeichnend ist der milde Geschmack der Malts. Die Malzböden werden heute, da das Malz nicht mehr selbst gedarrt wird, als Museum genutzt.

Glenkinchie 12 years old: *sehr schwach rauchig, mit einem leicht malzig-süßen und fruchtigen Geschmack. Sein feiner Geruch nach Gras und süßen Früchten verspricht Genuss bereits vor dem ersten Schluck.*

Glenlivet

Eine blitzsaubere und moderne Destillerie. Sie steht im Tal des kleinen Flusses Livet: das wohl bekannteste Tal Schottlands. Fein und elegant, dazu leicht und etwas blumig, präsentieren sich die Malts von Glenlivet.

Glenlivet 12 years old*: sehr ausgewogen, blumige und pfirsichartige Noten. Wärmend, lang und sanft im Abgang.*

***Glenlivet 15 years old:** hat einen leichten und griffigen Körper. Auch wieder mit blumigen Noten, etwas nussig. Im Nachklang leicht rauchig.*

Glenmorangie

1843 baute William Math(i)eson eine Brauerei in Tain zu einer Brennerei um und erhielt als einer der ersten Brenner eine Lizenz.

Glenmorangie 10 years old: *gelagert in Bourbon-Fässern; hat eine blassgoldene Farbe. Im Geschmack ist er trocken, mit ausgewogenem Aroma und feinem Mandarinenduft.*

Glenmorangie 15 years old: *Nach der Lagerung in Bourbon-Fässern wird er in neue Fässer zum Finish umgefüllt. Er ist weich und warmsamtig, nach Walnuss, Vanille und Kaffee schmeckend.*

Glenmorangie 18 years old: *wird in der Endphase von Bourbon- in Sherry-Fässer umgefüllt und hat*

GLENMORANGIE
LASANTA
IN SHERRY CASKS

einen zarten Geschmack nach Honig, Nuss und Karamell.

Glenmorangie Lasanta: *ist nach mindestens zehn Jahren in Bourbonfässern zusätzlich in spanischen Oloroso-Sherryfässern gereift. Ein mittelschwerer und weicher Scotch, der am Gaumen malzig und würzig ist.*

Glenrothes

Die Glenrothes Distillery in Elgin, Speyside, wurde 1878 gegründet. Ihr Wasser bezieht sie aus einem Brunnen namens „Lady's Well". Der Legende nach wurde hier im 14. Jahrhundert die Tochter des Earl of Rothes vom „Wolf von Babenoch" getötet.

Die Spezialität der Destillerie sind Malt Whiskys, die nur einem einzigen Jahr entstammen, die sogenannten Jahrgangs-Malts. Ihr Aroma ist seidenweich und doch voll. Gewürze, Torf, Trockenfrüchte und eine Spur von Lakritz kennzeichnen den dezenten Geschmack. Ein guter Whisky für Einsteiger.

Glenturret

Gehört zu den kleinsten Brennereien Schottlands, aber sehr sehenswert und mit Anspruch „älteste Destillerie“ zu sein. Das Besucherzentrum lockt jährlich über 200 000 Gäste an. Dass der Malt Bestandteil eines der bekanntesten Blends (Famous Grouse) ist, wird entsprechend beworben. Der ehemalige Hauskater Towser hat es mit 28 899 erlegten Mäusen sogar zu einem Eintrag ins Guinessbuch der Rekorde gebracht und zu einer Skulptur vor der Brennerei.

Glenturret 10 years old: *ein sauberer und ehrlicher Malt. Im Aroma Honig und Ingwer, im Geschmack Honig und süßes Malz.*

Highland Park

Highland Park ist Schottlands nördlichste Destillerie, gegründet 1798 von David Robertson in Kirkwall auf der Insel Orkney.

Der 12-jährige Highland Park *(siehe Cover) verfügt über eine rauchige Süße und einen malzigen Geschmack mit einer warmen Schärfe, die durch Honigsüße wieder abgemildert wird. Farblich fällt sofort das strahlende Bernstein auf, welches ihn auszeichnet. Unabhängige Abfüller, die den Whisky fassweise kaufen, bieten auch* ***25-jährige Highland Parks*** *an. Der 25-jährige ist allerdings ein teurer und relativ seltener Whisky, der nach Buttertoffee schmeckt.*

Jura

Die Nachbarinsel von Islay ist Jura. Hier ist nur eine einzige Brennerei in Betrieb. Gerade mal 225 Einwohner zählt die Insel, aber ihre Destillerie ist weltbekannt. Kein Hauch von Torf ist im Whisky zu spüren, obwohl die Insel mit riesigen Torfmooren überzogen ist.

Isle of Jura 10 years old: *ein runder und malziger Malt, die lange Reifezeit im Sherryfass sorgt für etwas Süße und die Inselatmosphäre für eine gewisse Salzigkeit.*

Isle of Jura 16 years old: *salzig im Nachklang und eine gewisse Erdigkeit im Geruch machen ihn zu etwas Besonderem.*

Knockando

Am linken Ufer des Spey (Region Speyside) gelegen, soll sie eine der schönsten Brennereien Schottlands sein. Knockando prägt maßgeblich die Blends von J & B (Justerini & Brooks). Bemerkenswert: es steht- kein Alter auf dem Etikett; die Endabfüllung wird vorgenommen, wenn man der Meinung ist, er sei reif.

Knockando 12 years old: *nussige und malzige Aromen, auch am Gaumen spürbar. Abfüllung Nr. 1 bei Knockando. Abgang etwas Karamell, leicht, trocken, etwas Schokolade.*

Knockando 21 years old – Master Reserve: *wird mit dem Alter immer weicher, ist aber noch komplexer und intensiver als der jüngere.*

Lagavulin

Viele Jahre war Lagavulin ein Geheimtipp. Dieser sehr intensive Malt eroberte jedoch mit Classic Malts of Scotland die Welt. Trotz seines immensen Aromas, oder vielleicht gerade deswegen, hat er besonders viele Liebhaber. Das Wasser der Brennerei kommt von einem schnell fließenden Bach, der auf seinem Weg viel Torf aufnimmt. Der Whisky reift in vom Meer umtosten Lagerhäuschen.

Lagavulin 16 years old: *extrem rauchige Noten, Meeresküste. Kraftvolles, würziges Aroma zeichnet diesen Malt aus. Im Nachklang wärmendes Torffeuer.*

LAGAVULIN
16
LAGAVULIN DISTILLERY
LAGAVULIN
SINGLE ISLAY MALT WHISKY
16

Laphroaig

Ausgesprochen wird das gälische Wort „lafroig“, es bedeutet „schöne Senke an der breiten Bucht“. Gebrannt wird in einer um 1815 von den Brüdern Johnston gegründeten Destillerie auf der Insel Islay (sprich „Ei-la“), die zu den Inneren Hebriden gehört.

Die Gerste wird hier noch immer über Torffeuern gedarrt, der Whisky in Bourbon-Eichenfässern gelagert. Laphroaig ist der einzige Whisky, der ein königliches Prädikat vom Prince of Wales erhalten hat. „Sie werden ihn lieben oder hassen“, war einst ein Werbeslogan von Laphroaig. Er hat einen kraftvollen Geschmack, der für die Islay-Malts typisch ist.

Laphroaig 10 years old: *ein bernsteinfarbener Malt mit mittelschwerem Körper. Er duftet rauchig-torfig und nach Seetang, was sich auch im Geschmack wiederfindet. Hinzu kommen die Noten ölig, jodig, salzig und leicht süß. An den Laphroaig muss man sich herantasten, er ist gewiss nicht für Anfänger geeignet!*

Laphroaig Quarter Gask: *Ist es Bootshaus, Industrierauch oder Teer? Ein sehr intensiver Malt. Am Gaumen ein rauchiger, von süßer Gerste und Frucht bis hin zu von intensivem Torf und Seetang geprägter Malt.*

Laphroaig aged 15 years: *eine limitierte Auflage, die 15 Jahre lang reifen darf und tief bernsteinfarben* *wird. Im Geschmack ähnelt er seinem jüngeren Bruder, ist jedoch ausgewogener und raffinierter. Ein besonderer Malt-Genuss.*

The Macallan

Ab 1824 stellte die einstige, in Speyside gelegene Schwarzbrennerei legal Whisky her. Viele Jahre belieferte man vorrangig andere Firmen mit jungem Whisky zum Blending.

Ab 1968 entwickelte sich die Produktion von exzellenten Malts. Aufgrund der Reifezeit in Sherryfässern aus dem Holz achtzigjähriger Eichen erlangen diese Malts einen ganz eigenen Charakter und Geschmack, die ihre große Beliebtheit erklären.

Im Gegensatz zu anderen Bezeichnungen ist Macallan kein schottischer Clan-Name, sondern die Bezeichnung für einen früher als Friedhof genutzten Ort.

The Macallan 10 years old: *ein Whisky mit dem Aroma von Mandeln, Birnen, Heidekraut und Sherry, leicht süß und doch sehr ausgewogen.*

The Macallan 18 years old: *ein nach Honig und Wein duftender Whisky mit einem Hauch von Mandeln, Birnen und Heidekraut, deutlichem Malzgeschmack und ausgeprägtem Sherrycharakter.*

Mortlach

Diese Brennerei liegt am Ortsausgang von Dufftown, zählt also zur Whiskyregion Speyside. Man behauptet, dass der Ort die Whiskyhauptstadt der Welt sein soll. Auf alle Fälle sind in Dufftown mehrere Destillerien beheimatet. Die erste war die 1834 gegründete Brennerei Mortlach mit außergewöhnlichen Brennblasen, denen der Malt seine Komplexität verdankt.

Mortlach 16 years old: *stammt aus ausgesuchten Sherryfässern. Er ist nur leicht rauchig, dafür fruchtig und hat einen trockenen Abgang.*

Oban

Eine der wenigen Brennereien auf dem Festland der westlichen Highlands. Sie liegt im gleichnamigen Ort, direkt am Meer. Oban ist mit Fischereihafen auch Ziel von Busreisenden und Ausgangspunkt zu den westlichen Hebriden. Auf dem Label der Whiskyflaschen kann man einen Abriss der 5000 Jahre alten Ortsgeschichte nachlesen. Die ersten schottischen Siedler sollen in den Höhlen hinter der Brennerei Schutz gesucht haben. Diese Höhlen kann man übrigens heute noch besichtigen.

Oft als zu verhalten beschrieben, ist dieser Malt jedoch aromatisch-appetitlich und sehr geschmeidig.

Oban 14 years old: *erster Eindruck würzig und rauchig. Nach hinten Seearomen und Salzigkeit, wohl der Meeresnähe zuzuschreiben.*
Oban 1980, Distillers Edition: *im Sherryfass endgereift. Ist selten geworden, wahrscheinlich nur noch über unabhängige Abfüller zu erwerben. Salzig, nussig, im Mittelteil Süße und dann kommt der Salzgeschmack zurück.*

OBAN
SINGLE MALT
SCOTCH WHISKY
OBAN
14
SINGLE MALT
SCOTCH WHISKY

Old Pulteney

Im Jahr 1826 wurde die am nördlichsten in den Highlands gelegene Destillerie in der Hafenstadt Wick gegründet. Sie ist nur 250 Meter vom Meer entfernt. Schmecken Whiskys von der Küste wirklich nach Salz? In diesem Fall kann man das nicht eindeutig bejahen.

Old Pulteney 12 years old: *irgendwie ölig, fruchtig. Ja, man schmeckt ganz wenig das salzige Meer, sonst ist er leicht, nussig und hat eine Honignote.*

Old Pulteny 17 years old: *etwas Eichenholz, süß und fruchtig. Ein voller, kräftiger Körper mit Vanille- und blumigen Obertönen.*

Royal Lochnagar

In der Destillerie am Fuss des Berges Lochnagar ist man stolz auf die prominenten Nachbarn, die gelegentlich im nahe gelegenen Schloss Balmoral residieren: die Windsors. Es heißt, dass schon Queen Victoria gern zu Pferd in die Brennerei auf einen Tee gekommen sei. Irgendetwas muss dran sein, denn sonst hätte man wohl kaum mehrfach den Royal Warrant (Hoflieferantentitel) verliehen bekommen.

Royal Lochnagar 12 years old: *Queen Victoria soll ihn sehr geschätzt haben. Seine leichte Rauchigkeit, die malzige Süße und seine etwas zurückhaltende Fruchtigkeit machen ihn zum „Royal".*

Scapa

Der Scapa wird auf den Orkney Inseln in einer 1885 gegründeten Destillerie hergestellt, die 1994 geschlossen wurde. Er reift in Bourbon-Fässern, die am Meeresufer gelagert werden und dadurch dem Whisky sein ganz eigenes Aroma geben.

Es ist nicht ganz klar, warum die Brennerei 1994 schloss und danach nur noch sporadisch produzierte. Im Jahr 2004, kurz vor ihrem 120-jährigen Bestehen, wurde sie jedoch komplett saniert. Scapa hat eine besondere Lage: Der Scapa Flow, der die Nordsee mit dem Atlantik verbin-

Sonnenaufgang auf den Orkney Inseln

det, war in beiden Weltkriegen von strategischer Bedeutung.

Scapa 16 years old: *Geruch süß, Pfirsich, Vanille mit etwas Seeluft. Und dann geht's etwas ölig weiter, um ins Salzige zu schwenken. Am Ende Pfeffer und Salz mit etwas Torf.*

Springbank

Am südlichen Ende der Halbinsel Kintyre, im Städtchen Campbeltown, befindet sich die Brennerei Springbank. Die Gegend um Campbeltown galt einst als *die* Whiskyregion, noch bis in die 1920er Jahre gab es mehr als 20 Brennereien. Übrig geblieben sind Glen Scotia und Springbank in Familienbesitz. Springbank produziert aktuell drei Whiskys, die in ihrem Charakter nicht unterschiedlicher sein könnten.

Hazelburn 8 years old: *ein selten erhältlicher Malt. Eigentlich das Gegenstück zum stark rauchigen Longrow. Hat am Gaumen einen Hauch von Sherry und Vanille.*

Longrow 10 years old: *Rauch, Torf, medizinisch, erdig, aber auch etwas Süße steigt in die Nase. Geschmacklich ist es ein stark torfiger Malt mit einem Hauch von Rauch und Süße.*

Springbank 10 years old: *starkes Malz und Eichentöne, sehr komplex. Gewürze, Vanille und Salz im Geschmack, ein junger Springbank soll noch nie so kräftig gewesen sein wie heute.*

Strathisla

Es soll die schönste Destillerie Schottlands sein. Sieht man die kleinen Pagodendächer, das Wasserrad und den kopfsteingepflasterten Innenhof, kann man es durchaus glauben. Auf jeden Fall ist es die erste Brennerei, die man ohne Führung besuchen kann. Sie können durch die Anlage laufen, mit den Beschäftigten sprechen und zuletzt bei einer Geruchsprobe entspannen.

Strathisla 12 years old: *ein milder, weicher Malt, zeigt am Gaumen Sherrytöne und etwas Frucht, trotzdem gewichtig und kräftig.*

STRATHISLA
THE OLDEST DISTILLERY IN THE HIGHLANDS OF SCOTLAND
YEARS 12 OF AGE
SPEYSIDE SINGLE MALT SCOTCH WHISKY

Talisker

Die 1830 gegründete Talisker Distillery in Carbost ist heute die einzige Brennerei der Insel Skye. ***Der 10-jährige Single Malt*** *hat einen leicht süßen, aber sehr intensiven Duft und einen kräftigen Torfgeschmack, der förmlich auf der Zunge explodiert. Auch Salz, Rauch, Malz und Gewürze finden sich im Geschmack des Talisker wieder, der auch als „The Golden Spirit of Skye" bezeichnet wird. Er ist ein Vertreter der Whiskys mit dem Charakter des Meeres, typisch für die Inseln der Hebriden, die sich selbst eher als gälisch denn als schottisch betrachten.*

Steilküste Kilt Rock, Isle of Skye

Tomatin

In den Jahren 1950 bis 1980 (mit einigen Unterbrechungen) gab es Umbauten in der Destillerie. Zeitweise war sie die größte Malt-Brennerei Schottlands. Nach dem Abbau der Hälfte der Brennblasen ist man heute immer noch groß, aber Glenfiddich kann mithalten. Tomatin-Hausstil: malzig, würzig, voll.

Tomatin 12 years old: *Dank seines geschmeidigen samtigen Körpers hat er viele Fans. Feine Fruchtigkeit (etwas Apfel oder Birne) und im Abgang leichte Minzigkeit zeichnen diesen Malt aus.*

Johnnie Walker

1820 gründete John Walker einen kleinen Laden in Kilmarnock, in dem er unter anderem auch Whisky verkaufte. Sehr bald machte er sich einen Namen als Blender, der es hervorragend verstand, die verschiedensten schottischen Whiskys miteinander zu verbinden. Johnnie Walker ist derzeit der meistverkaufte Whisky der Welt.

Johnnie Walker Red Label: *ein Blend aus 68 Malts und 6 Grain Whiskys mit frischem Aroma, 1909 kreiert. Im Geschmack sind Vanille, Malz und Gewürze erkennbar.*

Johnnie Walker Black Label: *ein 12-jähriger Deluxe Blend aus rund 68 Malts und 6 Grain Whiskys mit einem hohen Anteil von Islay Malts. Alle verwendeten Malts sind mindestens 12 Jahre alt. In Geschmack und Farbe reicher und tiefer als der Red Label.*

Johnnie Walker Gold Label: *ein Blend aus mehreren Whiskys (u.a. Clynelish, Cardhu, Talisker und Lochnagar), die alle mindestens 18 Jahre gelagert wurden.*

Johnnie Walker Blue Label: *Das Spitzenprodukt des Hauses basiert ebenfalls auf einem Cardhu, geblendet mit 15 anderen Whiskys. Im Geschmack dominieren Gewürze und ein milder Eichenton.*

The Famous Grouse

Etwa 1820 eröffnete Matthew Gloag sein Geschäft in Perth, 1896 wurde der erste Grouse Brand verkauft. Der Zusatz „famous“ kam erst im Laufe der Zeit hinzu.

Famous Grouse: *ein milder, leicht torfiger und etwas trockener Blend, in Oloroso-Sherry-Fässern gelagert.*

Famous Grouse Gold Reserve: *12 Jahre gelagerter Deluxe Blend mit vollem Aroma. Im Geschmack dominieren Eiche und Pfirsich.*

Vintage Malt: *ein ganz neues Produkt des Unternehmens mit fruchtigem Duft nach Rosinen und Orangen und würzigem Geschmack mit einem leichten Zitronenaroma.*

Irish Whiskeys

Irischer Whiskey hat seinen Ursprung in Dublin, wo auch John Jameson 1780 seine Destillerie gründete. 1791 folgte James Power mit einer eigenen Brennerei, die 1886 zu den ersten gehörte, die ihren Whiskey in Flaschen abfüllte. Um 1970 wurden alle irischen Whiskeybrennereien in der Irish Distillers Group zusammengefasst, die sich im Besitz von Pernod Ricard befindet.

Die Produktion ist auf zwei Brennereien verteilt: Old Bushmills Distillery in Antrim und Midleton Distillery in Cork. Irish Whiskey wird bevorzugt mit einem Schuss Wasser zur besseren Geschmacksentfaltung ge-

Dublin

trunken. Allerdings gilt auch heute noch das alte Sprichwort: „Stiehl nicht die Frau eines anderen Mannes und gib nie Wasser in seinen Whiskey".

Bushmills Malt

Er ist einer der wenigen Irish Single Malts, hergestellt im County Antrim. Obwohl man bereits 1608 eine Lizenz erhielt, wurde die Brennerei erst 1784 gegründet. Seinen Charakter erhält der Whiskey vor allem durch das Wasser aus der St. Columb's Rill, die über Basaltgestein fließt. Gelagert wird er zehn Jahre lang in Bourbonfässern, wodurch er sein klares Aroma erhält.

Im Duft herrschen Sherry, Honig und Vanille vor, während der Geschmack von Malz, Äpfeln und Bananen beherrscht wird. Im Abgang ist er lang und trocken, nach Eiche und Getreide schmeckend.

Cooley Distillery

Eine irische Whiskeyfirma, die 1987 gegründet oder vielmehr wiedereröffnet wurde. Sie hat für Freunde des irischen Whiskeys zahlreiche ungewöhnliche, neue Sorten auf den Markt gebracht: zum Beispiel getorfte Single Malts und – für Irland eher unüblich – nur zweifach destillierte Malts, die man eigentlich nur aus Schottland kennt.

Tyrconnell: *ausschließlich aus gemälzter Gerste nur zweimal gebrannt und das ohne Torfzusatz. Ein intensiv malziger und fruchtiger Single Malt. Warum er ausgerechnet nach einem erfolgreichen Rennpferd benannt wurde, bleibt unklar.*

Connemara: *das torfige Gegenstück zum Tyrconnell. Trotz Rauch und Torf in der Nase hat dieser Malt einen malzigen Hintergrund. Er ist rund und weich im Geschmack mit einem rauchigen Ausklang.*

Jameson

John Jameson gründete die gleichnamige Destillerie im Jahre 1780 in der Bow Street in Dublin. Whiskeys aus Dublin galten schon sehr bald als geschätzte Marke und wurden auch erfolgreich exportiert. Die erste eigene Marke war **Crested Ten**, nachdem man sich entschlossen hatte, den Whiskey nicht mehr nur fassweise an andere Abfüller zu verkaufen.

Jameson: *folgte 1980 und ist ein feiner und weicher Blend.*

Jameson Gold: *im Abgang lang und kräftig. Einer der hochwertigsten Jamesons.*

Jameson Crested Ten: *ebenfalls ein Blend. Alle Whiskeys, die für diesen Blend verwendet werden, sind zwischen 10 und 15 Jahre alt. Die Balance zwischen einem Hauch von Trockenheit und fruchtiger Süße charakterisiert diesen Whiskey. Dazu kommt eine dezente Sherrynote.*

Tullamore Dew

Michael Molloy gründete die Tullamore Brennerei 1829. 1887 ging die Leitung an Daniel E. Williams über, dessen Initialen D-E-W sich im Markennamen wiederfinden. Übrigens lässt sich DEW auch mit „Tau“ übersetzen. Heute in der Midleton Distillery in Tullamore im Süden Irlands hergestellt, ist Tullamore Dew eigenen Angaben zufolge in Deutschland der führende Irish Whiskey.

Tullamore Dew: *ein 6 Jahre in Bourbon- und Sherry-Fässern aus Eichenholz gelagerter Blend mit hellgoldener Farbe. Im Geschmack ist er weich mit einer feinen Honignote. Für Irish Coffee ist er ein Muss als Zutat.*

Tullamore Dew 12 years old: *Nach dreifacher Destillation lagert er 12 Jahre lang in Eichenholzfässern und steht nur in begrenzter Menge zum Verkauf. Seine goldgelbe Farbe passt sehr gut zum reifen und ausgewogenen Aroma. Neben dem Honiggeschmack weist er auch eine blumige Nuance auf.*

Amerikanische Whiskeys

Im Laufe der Zeit haben die Amerikaner ihre eigene Tradition des Whiskeybrennens entwickelt. Speziell das Sour-Mash-Verfahren hat sich bei der Herstellung von Bourbon durchgesetzt.

Erfunden wurde es 1835 von dem Schotten James Crow, der immer die gleiche Hefekultur zum Brennen benutzte. Bei jedem Gärungsvorgang wird also etwas Hefe aus der Maische des vorhergehenden Gärungsprozesses eingesetzt. Dieses zeitaufwändige Verfahren verringert zwar den Whiskeyertrag, bringt jedoch einen feineren und gleich bleibenden Geschmack. Die Lagerhäuser für

Bourbon werden meist auf den Hügelkämmen erbaut, um den Whiskey den klimatischen Schwankungen im Jahresverlauf auszusetzen.
Um gleich bleibende Qualität zu sichern, werden auch Bourbon-Whiskeys geblendet, die Amerikaner nennen es „to mingle" („vermischen").
Ein „Single Barrel Bourbon" allerdings entstammt nur einem einzigen Fass und repräsentiert das Klima des Lagerplatzes und sogar die Lage seines Fasses.

Jim Beam

1795 gründete Jacob Beam, geboren in Deutschland als Jakob Böhm, die Jim Beam Distillery in Clermont, Kentucky. 1880 trat sein Enkel James „Jim“ Beam dem Unternehmen bei, der die Rezeptur verfeinerte und dem Whiskey auch seinen Namen gab – Jim Beam. Heute wird die Firma in der siebten Generation von Jims Urenkel Fred Noe geführt, die Familie lebt nach wie vor in seinem Haus. Jim Beam ist einer der bekanntesten Bourbon Whiskeys überhaupt und zählt mit über 63 Millionen Flaschen Ausstoß pro Jahr zu den größten Herstellern. Den Jim Beam American Outpost in Clermont können Sie besuchen und sich dort die Herstellung vom Ansatz über die Destillation bis zur Lagerung ansehen. Die Destillerie brennt übrigens noch heute mit Amerikas ältester Brennblase.

Jim Beam White Label: *der ursprüngliche Kentucky Straight Bourbon mit unveränderter Rezeptur seit 1795. Er wird mindestens 4 Jahre gelagert und hat einen vollen Geschmack mit feiner Holznote.*

Jim Beam Black Label *ist die Premium-Marke und wird mindestens 8 Jahre in Weißeichenfässern gelagert. Sein Geschmack ist weicher und voller als der des White Label.*

Whisk(e)y-Liköre

In Schottland werden ***Drambuie***, eine Mischung aus Malt und Grain Whiskys, Honig und Gewürzen, sowie ***Glayva*** hergestellt. Glayva ist dem Drambuie ähnlich, wird jedoch zusätzlich mit Orangenschalen verfeinert und schmeckt dadurch fruchtiger.
Die Irish Cream genannten Liköre stammen aus Irland. Sie bestehen aus Whiskey und Sahne. Die bekannteste Marke ist ***Baileys***.
Southern Comfort entstand um 1860 in New Orleans und ist heute Amerikas bekanntester Whiskey-Likör.

GLENTURRET
~1999~
~1999~
1983
94
244
GLENTURRET
DISTILLERY
GLENTURRET DISTILLERY
1986
324
235
GLENTURRET
DISTILLERY
1987
78
246
DISTILLERY
~1995~
GLENTURRET
~1995~

Quellenverzeichnis

Alfred Barnard: The Whisky Distilleries of the United Kingdom. 2000

Dave Broom: Whisk(e)y Kaleidoskop. 2005

Wolfgang Fritz: Schottland. 1996

Michael Jackson: Malt Whisky. 2000

Graham Moore: Malt Whisky. 2000

Jim Murray: Blended Scotch Whisky. 1999

Jim Murray: Whisky & Whiskey. 1997

Karl Heinz Raach/Klaus Viedebantt: Schottland. 1999

Ian Wisniewski: Whisky. 2000

Aus dem lieferbaren Mini-Angebot

(Auswahl)

Literarisches

Das kleine Bach-Büchlein (auch engl.) Die Geheimnisse der Familie Bach Wilhelm Busch • Die Minibibliothek (Bibliografie) • Erzgebirgisches Weihnachtsbüchlein • Fange jetzt zu leben an Faust-Zitate • Frauen (Hochhuth & Degas) Paul Gerhardt • Goethe-Zitate Große Sachsen • Große Thüringer Gute-Laune-Büchlein • Heldenjungfrauen Ich hab dich so lieb • Kinder sind die besten Philosophen • Liebe Mama ... • Liebe Oma ... Lieber Opa ... • Lieber Papa ... • Martin Luther Märchenkönig Ludwig II. (auch engl.) Jenny und Karl Marx • Karl May Mein Leipzig. Geliebtes Weltdorf Wolfgang A. Mozart • Musenkuss – Richard Wagner • Nietzsche-Zitate Nur mit dem Herzen... (Saint Exupéry) Philosophinnen-Sprüche • Sandmännchen Schiller-Zitate • Clara & Robert Schumann Shakespeare für Verliebte • Theodor Storm Thomaner-Büchlein • Weisheiten aus dem Fernen Osten • Weisheiten der Welt Wunderkinder • Heinrich Zille

Natur & Genießen

Aloe vera • Amaranth & andere Vitalkörner
Blüten für Genießer • Eis & mehr
Frauenkräuter • Hildegard von Bingen
Holunder-Rezepte • Honig • Ingwer • Kleine
Kräuterapotheke • Knoblauch • Küchen- und
Restaurant-Knigge • Mohn • Mythos Ginkgo
Oliven • Ostpreußen kulinarisch • Pilz-ABC
Powerfood • Salz • Schwarzbier
Der Weinkenner • Whisky

Stadt & Land

Auf der Saale-Unstrut-Weinstraße
Berlin für die Westentasche (auch engl.)
Das Böhmische Dorf in Berlin • Burgen
und Schlösser im Erzgebirge • Chemnitz
für die Westentasche • Dresden für die
Westentasche • Görlitz für die Westentasche
Halle für die Westentasche • Herrnhut
Im Spreewald unterwegs • Leipzig (auch
engl.) • Lutherstadt Wittenberg • Magdeburg
für die Westentasche • Musikalischer Stadt-
rundgang durch Leipzig • Naumburg
Potsdam für die Westentasche • Schwerin
für die Westentasche • Weimar für die
Westentasche

BuchVerlag für die Frau
Gerichtsweg 28 · 04103 Leipzig
www.buchverlag-fuer-die-frau.de
info@buchverlag-fuer-die-frau.de